BEI GRIN MACHT SICH IHR WISSEN BEZAHLT

- Wir veröffentlichen Ihre Hausarbeit, Bachelor- und Masterarbeit
- Ihr eigenes eBook und Buch - weltweit in allen wichtigen Shops
- Verdienen Sie an jedem Verkauf

Jetzt bei www.GRIN.com hochladen und kostenlos publizieren

Julia Huber

Möglichkeiten und Handlungsempfehlungen zur Thematik des Auszubildenden - Recruitings als Instrument der Personalbeschaffung

GRIN Verlag

Bibliografische Information der Deutschen Nationalbibliothek:

Die Deutsche Bibliothek verzeichnet diese Publikation in der Deutschen Nationalbibliografie; detaillierte bibliografische Daten sind im Internet über http://dnb.d-nb.de/ abrufbar.

Dieses Werk sowie alle darin enthaltenen einzelnen Beiträge und Abbildungen sind urheberrechtlich geschützt. Jede Verwertung, die nicht ausdrücklich vom Urheberrechtsschutz zugelassen ist, bedarf der vorherigen Zustimmung des Verlages. Das gilt insbesondere für Vervielfältigungen, Bearbeitungen, Übersetzungen, Mikroverfilmungen, Auswertungen durch Datenbanken und für die Einspeicherung und Verarbeitung in elektronische Systeme. Alle Rechte, auch die des auszugsweisen Nachdrucks, der fotomechanischen Wiedergabe (einschließlich Mikrokopie) sowie der Auswertung durch Datenbanken oder ähnliche Einrichtungen, vorbehalten.

Impressum:

Copyright © 2009 GRIN Verlag GmbH
Druck und Bindung: Books on Demand GmbH, Norderstedt Germany
ISBN: 978-3-640-80605-8

Dieses Buch bei GRIN:

http://www.grin.com/de/e-book/151344/moeglichkeiten-und-handlungsempfehlungen-zur-thematik-des-auszubildenden

GRIN - Your knowledge has value

Der GRIN Verlag publiziert seit 1998 wissenschaftliche Arbeiten von Studenten, Hochschullehrern und anderen Akademikern als eBook und gedrucktes Buch. Die Verlagswebsite www.grin.com ist die ideale Plattform zur Veröffentlichung von Hausarbeiten, Abschlussarbeiten, wissenschaftlichen Aufsätzen, Dissertationen und Fachbüchern.

Besuchen Sie uns im Internet:

http://www.grin.com/

http://www.facebook.com/grincom

http://www.twitter.com/grin_com

Möglichkeiten und Handlungsempfehlungen zur Thematik des Auszubildenden - Recruitings als Instrument der Personalbeschaffung

Projektarbeit Nr.:	II
vorgelegt am:	09.03.2009
Studienbereich:	Wirtschaft
Studienrichtung:	Industrie
Seminargruppe:	IN07
Von:	Julia Huber

Inhaltsverzeichnis

Abkürzungsverzeichnis IV

Abbildungsverzeichnis V

1   Einleitung 1

2   Personalbeschaffung 2

2.1   Begriffsdefinition 2

2.2   Motive und Ziele der Personalbeschaffung 2

2.3   Zielgruppe der Personalbeschaffung hinsichtlich des Auszubildenden – Recruitings 2

2.4   Entwicklungen des Bewerbermarktes 3

3   Instrumente des Auszubildenden - Recruitings 5

3.1   Auszubildendenbedarfsplanung 5

3.2   Anforderungsprofil 5

3.3   Personalwerbung 7

3.4   Arbeitgeberimage 9

3.5   Auszubildnendenauswahl 11

3.5.1   Bewerbungsunterlagen 11

3.5.1.1   Bewerbungsanschreiben 11

3.5.1.2   Lebenslauf 12

3.5.1.3   Zeugnisse 13

3.5.2   Vorstellungsgespräch 13

3.5.3   Eignungstests 14

3.5.4   Assessment – Center 15

3.5.5   Biografischer Fragebogen 17

4   Auszubildenden – Recruiting der XXXXX GmbH 18

4.1   Umfrage betreffend der Ausbildungsmöglichkeiten 18

4.1.1   Durchführung der Erhebung 18

4.1.2   Ergebnisse der Umfrage, Ursachenforschung und Handlungsempfehlungen 19

4.2   Auswahlverfahren 22

5   Schlussbemerkungen 24

Literaturverzeichnis 31

Anlagenverzeichnis 34

Abkürzungsverzeichnis

AZ	Auszubildenden
PB	Personalbeschaffung
BeP	Bedarfsplanung
AfP	Anforderungsprofil
AI	Arbeitgeberimage
MA	Mitarbeiter
UN	Unternehmen
AWV	Auswahlverfahren
BwU	Bewerberunterlagen
AC	Assessment – Center

Abbildungsverzeichnis

Abb. 1: Altersstruktur der Bevölkerung in Deutschland von 1999 bis 2030 3

Abb. 2: Grobgliederung der Anforderungsarten 6

Abb. 3: Vorgehensweise beim Erstellen von Anforderungsprofilen 7

Abb. 4: Meist genutzte Medien zur Jobsuche 8

Abb. 5: Matrix Ausbildungsmarketinginstrumente 10

Abb. 6: Positions-Image-Portfolio 11

Abb. 7: Lernfächer und ihre Bedeutung 14

Abb. 8: Ablauf eines Assessment - Centers 17

1 Einleitung

Im Zeitalter des umfassenden globalen Wettbewerbs und der vorherrschenden Käufermärkte, in denen die Preise der Produkte in der Regel vom Markt vorgeben werden, sucht sich der Kunde aus der Masse der Anbieter den Partner für die die Erfüllung seiner individuellen Bedürfnisse heraus. In dieser Situation werden sich primär diejenigen Unternehmen am Markt behaupten können, welche über besonders hochqualifizierte und leistungsstarke Mitarbeiter verfügen Viele Unternehmen haben trotz weltweit zunehmender Globalisierung Probleme mit einer allgemeinen und anhaltenden Verknappung des qualitativ erforderlichen Auszubildendenangebots. Daher ist der Beschaffung und Auswahl von Auszubildenden künftig erhebliche Bedeutung beizumessen.[1] Im Hinblick auf die demografische Entwicklung (abnehmende Schülerzahlen, zunehmender Facharbeiterbedarf) kommt dem Auszubildenden-Recruiting eine entschiedene Rolle zu. Nur Unternehmen, denen es gelingt, die Schulabsolventen rechtzeitig für sich zu gewinnen und deren Aufmerksamkeit auf sich zu lenken, werden zukünftig genügend Bewerbungen für eine gezielte Auswahl von Auszubildenden und damit zukünftigen Fachkräften bekommen.[2]

Ziel der vorliegenden Praxisarbeit ist es, einen Überblick über mögliche Instrumente des Auszubildenden-Recruitings und eine Entscheidungshilfe bei der Frage nach der Anwendung geeigneter Recruiting-Methoden zu geben. Bereits bestehende Methoden des Recruitings der XXXXX GmbH werden analysiert. Hinsichtlich des Bekanntheitsgrades und der Personalwerbungsmaßnahmen sollen mithilfe einer Umfrage bezüglich der Ausbildungsmöglichkeiten Handlungsempfehlungen zu den bereits bestehenden Methoden gegeben werden. Diese Erhebung ist als Indiz für das Ergebnis aller in Frage kommender Schulabsolventen zu verstehen. Demgemäß besteht kein Anspruch auf Repräsentativität der Befragung für die Grundgesamtheit, da weitere Ausführungen beziehungsweise umfangreichere Untersuchungen im Rahmen dieser Arbeit nicht möglich sind.

---

[1] [HW96], S. 3 f.
[2] [Die03], S. 38

2 Personalbeschaffung

Die Beschaffung von Auszubildenden (AZ) stellt ein Teilgebiet der Personalbeschaffung (PB) dar.

2.1 Begriffsdefinition

Die PB umfasst alle Maßnahmen, durch welche ein Unternehmen potentielle neue Mitarbeiter anspricht und rekrutiert. Dabei arbeiten die Abteilungen Personal, Marketing und der Bereich der Kommunikation eng zusammen. Alle Personalbeschaffungsmaßnahmen sind auf den gesamten Auftritt eines Unternehmens als Arbeitgeber ausgerichtet. Dies geschieht vorrangig durch ein gut durchdachtes Einstellungsverfahren von neuen Mitarbeitern.[3]

2.2 Motive und Ziele der Personalbeschaffung

Für das Unternehmen kommt die Einstellung eines neuen Mitarbeiters einer Investitionsentscheidung gleich und ist aufgrund der Gefahr einer Fehlbesetzung mit einem hohen Kostenrisiko verbunden. Demnach muss dieser Entscheidung eine erhöhte Aufmerksamkeit gewidmet werden. Insbesondere die ersten drei Phasen des Beschaffungsprozesses sind relevant. Diese betreffen die Kontaktaufnahme des Unternehmens mit dem Arbeitsmarktpotenzial, aus welchem Bewerber gewonnen werden sollen, die Ausarbeitung von Anforderungsprofilen und das Einstellungsverfahren. Besondere Bedeutung dabei hat die Signalisierung, dass jederzeit ein quantitativ ausreichendes und qualitativ hochwertiges Bewerberpotential mobilisiert werden kann und so eine optimale Versorgung mit Personal dauerhaft gewährleistet ist.[4]

Das Ziel der PB ist die rechtzeitige Bereitstellung einer richtigen Anzahl von qualifizierten Mitarbeitern im Rahmen der betrieblichen Wertschöpfung.[5]

2.3 Zielgruppe der Personalbeschaffung hinsichtlich des Auszubildenden – Recruitings

Die Situation der abnehmenden Schulabsolventenzahlen und eine sich drehende Bevölkerungspyramide (Immer mehr ältere Menschen und immer wenigere Jugendliche) wird auch die Unternehmen bei der PB hart treffen. Daher wird versucht, schon besonders junge Menschen durch eine Ausbildung im Unternehmen an sich zu binden. Demzufolge

---

[3] [Arb05]
[4] [Din07], S. 10 ff.
[5] [Gab97], S. 2958

müssen Unternehmen nicht nur im Bereich der allgemeinen PB sondern besonders im Bereich des AZ - Recruitings ein individuelles, herausragendes Profil schaffen. Nur wer sich hinsichtlich des Personals von der Konkurrenz abhebt, kann eine überproportionale Effizienz erzielen. Das Ziel des Auszubildenden-Recruitings ist es, aus einem qualitativ und quantitativ begrenzten Ausbildungsmarkt die optimalen Auszubildenden herauszukristallisieren und diese für das eigene Unternehmen zu gewinnen. Bei der Erreichung des Ziels sollte der Einsatz an Finanzmitteln und Personal so effizient erfolgen, dass kein unnötiger Aufwand betrieben wird.[6]

2.4 Entwicklungen des Bewerbermarktes

Die Quantität von Arbeitsmärkten wird durch die Anzahl der potentiellen Bewerber, welche auf dem betreffenden Arbeitsmarkt zur Verfügung stehen, bestimmt. Wesentliches Element ist dabei die demographische Entwicklung wie Abbildung 2 verdeutlicht.

Jahr	Jugendanteil im Verhältnis zur Gesamtbevölkerung Alter: 15 – 24 Jahre in %	Altenanteil im Verhältnis zur Gesamtbevölkerung Alter: 65 und darüber in %
1999	11,1	16,3
2010	11,3	20,0
2020	10,1	21,7
2030	9,5	26,2

Abb. 1: Altersstruktur der Bevölkerung in Deutschland von 1999 bis 2030
Quelle: [Enq02], S. 55

Diese Entwicklung der demographischen Zahlen wird ein hohes maß an Anpassungsfähigkeit und Einsatz fordern. Bei der Quantifizierung demographischen Zahlen und der Arbeitsmarktprognosen erschweren Zu- und Abwanderung die Prognosen. Es werden sich Trends wie das Sinken des Angebots qualifizierter Arbeitskräfte, das Zunehmen der Automatisierung und die Kostenintensivierung der qualifizierten Lohnarbeit abzeichnen. Zudem wird es schwieriger werden Arbeitskräfte zu finden und Entwicklung und Durchführung von Konzepten der betrieblichen Weiterbildung wird an Bedeutung gewinnen.

---

[6] [Die03], S. 18 f.

Die Qualität des Arbeits- und Bewerbermarktes werden durch die Qualifikationsstruktur der potentiellen Bewerber und die Anforderungen der angebotenen Arbeitsplätze bestimmt. Dabei setzt sich der Trend der höheren Schulabschlüsse fort. Außerdem ist ein Zuwachs beim Bedarf von höher qualifizierten Mitarbeitern, ein Gleichbleiben des Bedarfs an mittelqualifizierten Mitarbeitern und ein Rückgang bei einfachen Tätigkeiten zu erkennen. Die Folge dieser Entwicklung wird die Konkurrenz der verschiedenen Unternehmen um Fachkräfte sein.[7]

---

[7] [SS94], S. 48 ff.

3 Instrumente des Auszubildenden - Recruitings

3.1 Auszubildendenbedarfsplanung

Die Anzahl der jeweiligen Neueinstellungen ergibt sich aus der Bedarfsplanung (BeP), welche die Grundlage für alle weiteren Maßnahmen des AM darstellt. Dabei erfolgt Auszubildendenbedarfplanung in unterschiedlichen Fristen. Die kurzfristige BeP bezieht sich auf die Planungsperiode t^1. Es wird nach dem Brutto-Personalbedarf und dem Netto-Personalbedarf unterschieden. Der Brutto-Personalbedarf ist der planerisch benötigte Personalbedarf des Unternehmens der Periode t^1. Um diesen Bedarf zu ermitteln gibt es eine Vielzahl von Methoden wie z.B. Organigramme, Schätzung oder Trendextrapolation. Von diesem Bedarf wird der gegenwärtige Personalbestand abgezogen und dies ergibt eine Differenz, welche zu beschaffen ist. Somit kann der Netto-Personalbedarf berechnet werden. Dies ist der Bedarf, der in der Planungsperiode benötigt wird. Er kann durch Einstellungen oder durch Leiharbeit gedeckt werden. Im Rahmen der langfristigen Personalplanung werden noch relevante Veränderungen durch beispielsweise Erweiterungsinvestition, Reorganisation oder technologische Neuerungen berücksichtigt. Außerdem ist es zu berücksichtigen, dass der Planungszeitraum von und mit Auszubildenden oder Berufsakademie-Studenten von drei bis vier Jahren andauert. Bedenkt man, dass Auszubildende rund 1 Jahr vor Beginn der Ausbildung eingestellt werden, so handelt es sich um eine langfristige BeP. Vorteile der BeP sind zum einen die Unabhängigkeit vom externen Arbeitsmarkt durch eine erhöhte Übernahmequote der Auszubildenden, ein langfristig stabiles, unterspezifisches Gehaltsgefüge und die Steigerung des Professionalitätsgrades.[8]

3.2 Anforderungsprofil

Das Anforderungsprofil (AfP) ist kein Auswahlinstrument jeXXXXX GmbHch stellt es die grundlegende Basis für jede Auswahl dar.[9] Ein AfP definiert spezifischen Eigenschaften, Fähigkeiten, Kenntnisse, Fertigkeiten und Verhaltensweisen, welche ein Bewerber für die Bewältigung der künftigen Arbeit benötigt.[10] Unter praktischen Gesichtspunkten sollte jeXXXXX GmbHch eine zu starke Untergliederung nach Anforderungsarten vermieden werden. Meist reicht eine Untergliederung, wie in Abbildung 2 dargestellt, aus.

---

[8] [Die03], S. 170 ff.
[9] [Ach07], S. 13
[10] [Mül05], S. 13

Formale Anforderungen
z.B. schulische und berufliche Abschlüsse, Alter, Berufsverlauf, soziale Situation, vorhandene Arbeitsmittel (Kfz usw.) etc.

 Persönliche Anforderungen (Eigenschaften & Fähigkeiten)
z.b. äußere Erscheinung, Gesundheit, Charakter, Begabung, Einstellung, Verhaltensweisen, tätigkeits- oder betriebsbezogene Fähigkeiten etc.

 Fachliche Anforderungen (Kenntnisse & Fertigkeiten)
z.B. tätigkeits- oder betriebsbezogene Kenntisse, Beherrschung von Arbeitsmethoden und Arbeitsmitteln; Zusatzkenntinsse, Spezialwissen etc.

Abb. 2: Grobgliederung der Anforderungsarten,
Quelle: [Din07], S. 19

Der Nutzen eines AfP liegt darin, dass es die Grundlage zum Erstellen einer Stellenanzeige ist, die Sicherheit der Erfassung aller relevanten Information im Interview gewährleistet und die Gleichheit der Bewertung der Anforderungen über alle Interviews hinweg sichert.[11]

Es dienen, wie Abbildung 3 dargestellt; mehrere Schritte zur idealtypischen Konzeption von AfP.

Funktionen
(Welche Funktion erfüllt der Mitarbeiter? Wertschöpfung!)

Operative Tätigkeiten
(Was ist notwendig um die definierten Aufgaben ausführen zu können?)

Ableiten von Verhalten und Eigenschaften
(Welche Eigenschaften sind für die Erfüllung der Aufgaben erforderlich?)

Anforderungsprofile
(Kerneigenschaften/Verhaltensmerkmale, welche besonders relevant sind)

Abb. 3: Vorgehensweise beim Erstellen von Anforderungsprofilen,
Quelle: [Die03], S. 49

Demnach wird der inhaltlich-logische Zusammenhang zwischen Person- und Arbeitsplatzmerkmalen festgestellt und damit der Eignungsbegriff konstituiert. Um anforderungsbezogene Informationen zu erhalten, wird zwischen 3 verschiedenen

---

[11] [Mül05], S. 14

Methoden unterschieden. Sie erfahrungsgeleitete-intuitive Methode bezieht sich auf umfangreiche, vergleichbare Erfahrungen. Bei geringer Erfahrung und schnell wechselnder Anforderungen ist diese Methode nicht geeignet. Bei der arbeitsanalytisch-empirische Methode werden berufliche Tätigkeiten mittels formalisierter Vorgehensweisen (z.B. Fragebogen) an konkreten Arbeitsplätzen untersucht. Diese Methode wird in der Praxis man häufigsten angewendet. Über statistische Zusammenhänge zwischen den Merkmalen der in einem Beruf tätigen Personen und dem Maß ihres beruflichen Erfolges (Zufriedenheit, Leistung) werden Informationen durch die personenbezogen-empirischen Methode erhoben. Diese Methode nur brauchbar, wenn es sich um stabile Eigenschaften handelt.[12]

3.3 Personalwerbung

Ein ausreichend großer Bewerberkreis ist Vorraussetzung für eine angemessene Auswahl für den zu besetzenden Ausbildungsplatz. Für die Zielgruppe der AZ bieten sich Maßnahmen wie die Zusammenarbeit mit Vermittlungseinrichtungen, Anschlagtafeln und Plakate, Internet, Zeitungen und ein Praktika/"Tag der offenen Tür" an.[13] Durch eine kluge und gute Platzierung des Unternehmens und seiner Leistungsfähigkeit in den Medien steigt der Bekanntheitsgrad und die Attraktivität – nicht nur am Personalmarkt, da der Kontakt mit der Öffentlichkeit für das Image von großer Bedeutung ist.[14]

Ziel der Personalwerbung ist es, dass eine hinreichend große Zahl von Bewerbungen eingeht, sich nur geeignete Bewerber melden und die Bewerbungen beurteilungsfähig sind. Dabei ist zu berücksichtigen mit welchen der Medien die Zielgruppe am Besten erreicht werden kann. Ergebnisse einer Umfrage haben ergeben:

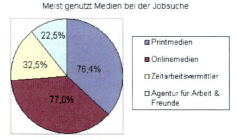

Abb. 4: Meist genutzte Medien zur Jobsuche

(von der Autorin erstellt basierend auf Quelle: [Bru07])

---

[12] [Sch02], S. 128 f.
[13] [GF96], S. 67
[14] [SS94], S. 133

Zu den Vermittlungseinrichtungen gehören vor allem die Arbeitsvermittlung der Arbeitsagenturen, die Zentralstelle für Arbeitsvermittlung in Bonn (ZAV) und eine Reihe besonderer Vermittlungsstellen. Die Dienstleistungen sind unentgeltlich. Neben der reinen Vermittlungstätigkeit werden bei Bedarf auch finanzielle Leistungen nach dem SGB III übernommen und die Möglichkeit der beratenden Mitwirkung in allen Fragen der Besetzung von Stellen (Arbeitsmarktberatung) geboten.

Per Aushang am Werkstor oder im Schaufenster an öffentlichen Plätzen, welche die Zielgruppe häufig besucht, werden häufig Stellengesuche veröffentlicht. Allerdings ist dabei der erreichbare Adressatenkreis auf das lokale Umfeld beschränkt.

Stellenbörsen im Internet haben sich seit Mitte der neunziger Jahre rasant vermehrt, da es durch individuelle Stellensuche völlig neue Perspektiven eröffnet. Unternehmen können vor allem das Internet durch eine eigene Homepage oder ein unabhängige Jobbörse einsetzen. Die Personalwerbung über die eigene Homepage erfolgt durch die Einstellung der Stellenanzeige in die Homepage z.B. unter die Rubrik Karriere oder Jobs. Die eigene Homepage ist in diesem Fall für das Unternehmen ein zusätzlicher oder alternativer Werbeträger. Inzwischen existieren in Deutschland mehrere hundert unabhängige Jobbörsen am Markt, welche Stellenanzeigen von Unternehmen veröffentlichen. Die Kosten für die Insertion liegen bei Internetanbietern weit unter denen der Printmedien. Weitere Vorteile von Online-Stellenanzeigen sind die Verbesserung des Firmenimage, die Ansprache besonders geeigneter Bewerber, die längere Verfügbarkeit der Anzeigen und die höhere Internationalität des Bewerberkreises.

Die Stellenanzeige in Printmedien ist ebenfalls ein wichtiges Instrument der Personalwerbung, das bei einer Vielzahl von externen Beschaffungsvorhaben eingesetzt wird.[15] Wichtig ist dabei die Analyse der Mediadaten, um sicherzustellen, dass dieses Medium auch von der Zielgruppe (potentielle neue AZ) gelesen wird. Diese Mediadaten sind von Verlagen oder bei den Herausgebern zu erhalten und liefern durchaus wichtige Informationen. Die meisten Zeitungen bringen gelegentlich Sonderbeilagen heraus, welche sich mit der Berufwahl beschäftigen. Diese haben den Vorteil, dass sie ausschließlich von Interessenten gelesen werden. Die Anzeigen sollten ein unverwechselbares des eigenen Unternehmens kommunizieren. Eine Anzeige ohne Bild spricht die Zielgruppe meist nicht

---

[15] [Din07], S. 24 ff.

an. JeXXXXX GmbHch sollte bei der Wahl des Bildes oder der Grafik darauf geachtet werden, dass es ausschließlich diesem speziellen Unternehmen zuzuordnen ist. Das Bild und der Text sollten die Attraktivität und Individualität der Ausbildung untermauern.

Ein „Tag der offenen Tür" oder ein Praktika bietet dem Interessenten die Möglichkeit das Unternehmen und die Ausbildung vor Ort zu besichtigen. Dabei ist zu beachten, dass die Bekanntmachung an Orten stattfindet an denen sich die Zielgruppe auch aufhält. Anhand von Präsentationen von AZ, die bereits im Unternehmen beschäftigt sind oder auch durch „Live-Tätigkeiten" (z.b. es wir ein Tag der Ausbildung dargestellt) erhält der Interessent einen repräsentativen Einblick.[16]

In Abbildung 5 werden die drei häufigsten Marketingmaßnahmen XXXXX GmbHkumentiert und zusammengefasst.

Kriterium →	Unternehmensgröße			Reichweite		Fristigkeit		Kosten pro Aktion		
Instrument ↓	Klein (bis 200 MA)	Mittel (200 - 1000 MA)	Groß (über 1000 MA)	Intern	Extern	Kurz-fristig	Lang-fristig	Gering bis 500€	Mittel 500 bis 1.500€	Hoch über 1.500€
Stellenanzeige	(X)	X	X	X	X	X			X	X
Tag der offenen Tür		(X)	X		X		X		X	X
Internet	X	X	X		X		X	X		

Abb. 5: Matrix Ausbildungsmarketinginstrumente
Quelle: [Die03], S. 49

3.4 Arbeitgeberimage

Für die meisten Arbeitnehmer ist nicht nur die Arbeitsstelle als solches wichtig sondern auch zunehmend das betriebliche Umfeld, die Unternehmenskultur und vor allem Dingen das Image, der Ruf, des Unternehmens(UN).[17] Als Arbeitgeberimage (AI) wird das Vorstellungsbild, welches Personen von einem UN haben, bezeichnet und entsteht in der Öffentlichkeit aus der Wahrnehmung des UN als Arbeitgeber. Das AI kann über die Positionierung der Arbeitgebermarke aktiv gestaltet und verändert werden.[18] Die psychologischen Nebenbedingungen einer Arbeitsstelle gewinnen in den Augen der MA immer stärker an Bedeutung (beispielsweise werden lange Anfahrtswege in Kauf

---

[16] [Die03], S. 32 ff.
[17] [Hei04], S. 66
[18] [Arb05a]

genommen). Bei solchen MA kann daher von einer intrinsischen Motivation ausgegangen werden. Das AI wird von unterschiedlichen Faktoren beeinflusst, wie z.b. Branche, Produkte und Leistung, Größe etc. Gute und schlechte Botschaften zum AI, welche durch MA oder Führungskräfte oft auch unbeabsichtigt nach außen getragen werden, sind authentische Informationen für den Bewerbermarkt. Die Praxis betrieblicher Selbstdarstellung in Firmenwerbung oder Inseraten neigt zu Übertreibung. Wenn durch das AI qualifizierte und motivierte Bewerber angesprochen werden sollen, legen die Besten zunehmenden Wert auf fundierte Informationen über die betriebliche Personal- und Führungsarbeit. Das ständige Arbeiten am AI und vor allem an den Faktoren die es bestimmen, verhilft dem UN am Arbeitsmarkt zu einem entscheidenden Wettbewerbsvorsprung. Als Methode zur Erhebung des Arbeitgeberimages bieten sich Meinungsumfragen, Personalkennziffern, Kennzahlen des passiven und aktiven Bewerbungseingangs oder Fluktuation und Fehlzeiten. UN können, wie in Abbildung 6 dargestellt, im Positions-Image-Portfolio eingeordnet werden.[19]

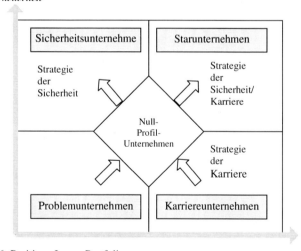

Abb. 6: Positions-Image-Portfolio
Quelle: [CH92], 1992, S. 556

UN, denen vor allem das Image der Arbeitssicherheit anhaftet, sprechen meist Personen mit ausgeprägtem Sicherheitsmotiv an, die weniger zu Fluktuation neigen aber eventuell den Konkurrenzkampf und das Risiko scheuen. UN, die gute Karrierechancen und ein

---

[19] [SS94], S. 108

hohes Arbeitsplatzrisiko verheißen, werden primär von selbstbewussten, risikobereiten und aufstiegsorientierten Menschen gewählt. Die verschiedenen Formen von Unternehmen konkurrieren untereinander und alle mit den Starunternehmen, da diese die Vorteile der beiden anderen Formen in sich vereint und dadurch die beste Wettbewerbsposition um qualifizierte MA hat.[20]

3.5 Auszubildnendenauswahl

Im Wesentlichen werden während des Auswahlverfahrens (AWV) Techniken wie die Analyse und Bewertung von Bewerbungsunterlagen, das Vorstellungsgespräch, Gruppendiskussionen, Assessment-Center und Tests angewandt.[21]

Das AWV verläuft in 4 Stufen (Wobei Stufe 2 und 3 auch getauscht werden kann)

1. - Vorauswahl (wer erfüllt die Mindestvoraussetzung?)
2. – Grobauswahl (Einladung zum Vorstellungsgespräch)
3. – Feinauswahl (eventuell Tests etc.)
4. – Nachauswahl (Praktikum und Probezeit)[22]

3.5.1 Bewerbungsunterlagen

Mit der Analyse der Bewerberunterunterlagen (BwU) beginnt das schwierige AWV. Ziel der Analysen der BwU ist die Einstufung der Bewerber in die Kategorien „Für ein Vorstellungsgespräch geeignet (A)", „Für eine eventuelle zweite Vorstellungsrunde vorgemerkt (B)", starke Abweichung vom Idealprofil, allerdings nicht sofort abzulehnen (B)" oder „Ungeeignet, weder für diese Ausbildung noch für eine andere Position im Unternehmen (C)". Die Analyseschwerpunkte sind dabei vor allem die formale Gestaltung und die Vollständigkeit der Unterlagen.[23] In den BwU müssen das Bewerberanschreiben, der Lebenslauf und ein Anhang mit Zeugnissen und dergleichen enthalten sein. Außerdem kann ein Deckblatt mit dem Bild (sofern es sich nicht auf dem Lebenslauf befindet) hinzugefügt werden.[24]

3.5.1.1 Bewerbungsanschreiben

Das Bewerbungsanschreiben sollte ein Unikat sein und eine persönliche Note besitzen. Es wird verdeutlicht für welche Position sich der Bewerber interessiert und was der Grund der

---

[20] [Din07], S. 9
[21] [SS94], S. 159
[22] [Hei04], S. 103
[23] [SS94], S. 160 f.
[24] [Die03], S. 142

Bewerbung ist.[25] Das Anschreiben verschafft einen ersten Eindruck über den Bewerber und muss differenziert betrachtet werden. Da es nicht „DAS" Schema zur Bewertung von Anschreiben existiert, erfolgt eine gründliche Analyse nach formalen und inhaltlichen Gesichtspunkten. Einige Aspekte werden detaillierter betrachtet wie beispielsweise ob das Anschreiben richtig adressiert ist und ob das Datum des Anschreibens dem des Lebenslaufs entspricht. Im Anschreiben sollte kurz skizziert sein, was den Bewerber an der Ausbildung reizt und welche Eigenschaften und Fähigkeiten er mitbringt, welche ihm einen erfolgreichen Abschluss ermöglichen. Dabei ist darauf zu achten ob es sich um spezifische Argumente oder um, auf jeden Beruf, übertragbare Floskel handelt. Daran kann erkannt werden wie intensiv sich der Bewerber über den Beruf informiert hat. Zudem sollte aus dem Anschreiben hervorgehen warum der Bewerber sich gerade bei diesem Unternehmen bewirbt. Der Bewerber muss sich zur Klärung dieser Frage mit den Eigenarten des Unternehmens z.B. Internationalität, Spezifika der Produkte, Größe des Betriebs auseinander setzen. Zudem sollte eine vollständige Adresse des Bewerbers angegeben sein und auch wie er von dem Ausbildungsangebot erfahren hat. Letzteres kann Anregungen zu Marketingmaßnahmen geben. Letztendlich entscheidet auch der Schreib- und Briefstil über den erfolg der Bewerbung. Eine hohe Anzahl von Schreib- und Orthografiefehlern kann zum Ausschluss führen und auch die Terminologie sollte dem gesuchten Bildungsniveau entsprechen. Aspekte, welche ein Anschreiben enthalten muss, sind in der Anlage 1 aufgelistet.[26]

3.5.1.2 Lebenslauf

Der Lebenslauf sollte in die Abschnitte der persönlichen Daten, der Ausbildung, der beruflichen Erfahrung und sonstige Befähigungen oder Kenntnisse untergliedert sein.[27] Aufgrund der besseren Übersichtlichkeit XXXXX GmbHminiert der maschinengeschriebene tabellarische Lebenslauf, bei welchen links die Daten bzw. die Zeiträume und rechts die dazugehörigen persönlichen, beruflichen oder ausbildungsrelevanten Informationen stehen. Ein wesentliches Kriterium bei der Bewertung ist die Überprüfung in Hinblick auf Lücken zwischen den Ausbildungszeiten. Auch die Geradlinigkeit der Bildungs- und Lebenswege ist hoch zu bewerten, da eine geradlinige Vergangenheit auf eine geradlinige Zukunft schließen lässt.[28] Der Lebenslauf

---

[25] [Mül05], S. 36
[26] [Mül05], S. 37
[27] [Hei04], S. 88
[28] [SS94], S. 168

ist deshalb so bedeutend, da er Kriterien enthält, die jederzeit nachprüfbar sind und eine ökonomische Möglichkeit darstellt schnell einen Überblick über die Eignung des Bewerbers zu erhalten[29] Ein Beispiel für einen vollständigen, sehr guten und informativen Lebenslauf ist in Anlage 2 dargestellt.[30]

3.5.1.3 Zeugnisse

Prinzipiell gibt es mehrere Arten von Zeugnissen. Zum einen die klassischen Schulzeugnisse und zum anderen Arbeitszeugnisse. Hinsichtlich der Zielgruppe sind die Schulzeugnisse relevant, da die meisten Absolventen noch keine Arbeitszeugnisse vorweisen können. Die Größe Schwierigkeit bei Schulzeugnissen ist ihre objektive Messbarkeit, da es sich um Rankings (z.b. besser oder schlechter usw.) handelt, welche der Notengebung zugrunde liegen. Dennoch haben Schulnoten eine hohe Bedeutung bei der Vorauswahl von potenziellen AZ. Einzelne Fächer werden unterschiedlich gewichtet, da Ergebnisse in berufsrelevanten Fächern mehr Bedeutung haben als jene die unbedeutend sind. Letzter bieten lediglich interessante Zusatzinformationen über den Bewerber. Besonders relevant sind dagegen Fleißfächer, welche in nachfolgender Abbildung 7 dargestellt werden.[31] Formulierungen von Schulnoten, welche die Basis der Eignungs- und Qualifikationsabstufungen darstellen, sind in Anlage 3 aufgelistet.[32]

Fach	Eigenschaft
Mathematik, Physik, Chemie	Konzentrationsfähigkeit, Abstraktionsvermögen und Zahlensinn
Geschichte, Sprache	Willenseinsatz
Sport	Einsatzfreudigkeit
Musik	Anpassungsfähigkeit
Künstlerische Fächer	Empathie

Abb. 7: Lernfächer und ihre Bedeutung
    Quelle: [RK96], S. 38

3.5.2 Vorstellungsgespräch

Das Vorstellungsgespräch ist die beständigste und beliebteste Form der Bewerberauslese.[33] Das Ziel von Vorstellungsgesprächen besteht darin, durch den persönlichen Kontakt zusätzliche oder fehlende Information über den Bewerber zu gewinnen, festzustellen, ob

---

[29] [Mül05], S. 38
[30] [Die03], S. 67
[31] [Die03], S. 82 f.
[32] [Mül05], S. 43 f.
[33] [KW03], S. 11

die BwU und das persönliche Erscheinungsbild übereinstimmen und abschließend die qualifizierten Bewerber in eine Rangfolge zu bringen. Zunächst erweist es sich als sinnvoll beim Erstgespräch eine entspannte Atmosphäre zu schaffen. Dazu gehört, dass keiner der Gesprächspartner unter Zeitdruck steht sowie die Konzentration auf die Gesprächsführung und –inhalte. Kommen mehrere Bewerber für ein Gespräch in Frage ist es sinnvoll die Gespräche im Stil eines gelenkten Interviews zu führen, um Vergleichsmöglichkeiten zu erhalten. Dabei ist auf die Ausgewogenheit zwischen standardisierten Interview (z.B. Fragebogen-Stil) und freiem Interview zu achten.[34] Das standardisierte Interview zeichnet sich dadurch aus, dass allen Bewerbern dieselben Fragen gestellt werden wodurch das Interview nicht authentisch sondern abstrakt wirkt, da der Interviewer nicht auf die Antworten des Bewerbers eingeht sondern unabhängig von der Reaktion schon die nächste Frage vorformuliert hat. Im Gegenzug gibt es beim freien Vorstellungsgespräch einen situativen Gesprächsverlauf. Dabei geht der Interviewer auf die Aussagen der Bewerber ein und hat die Möglichkeit gegebenenfalls nachfragen zu können. Dies macht allerdings eine Vergleichbarkeit der Aussagen unmöglich. Folglich ist die wohl beste Variante die einer Mischform zwischen standardisierten und freien Interview.[35] Es empfiehlt sich jene Punkte schriftlich zu fixieren, über die mit allen Bewerbern gesprochen werden soll sowie deren Antworten. Nur dieser Vergleich ermöglicht ein optimales Ergebnis. Bei der Beurteilung von Personen ist zudem, unabhängig von Objektivierungsverfahren, oft der persönliche Eindruck entscheidend.[36] Wird ausschließlich das Interview als Auswahlverfahren eingesetzt (nach Vorauswahl aufgrund der BwU) so ist das Ergebnis identisch mit der Einstellungsempfehlung oder –entscheidungen. Ob der Bewerber eingestellt wird, ist dann davon abhängig, ob er einen vorher bestimmten Maßstab erfüllt (=Anforderungsorientierung) und/oder ob seine Leistung (=Interviewendruck den er hinterlassen hat) die der anderen Kandidaten (=Normorientierung) übertrifft.[37]

3.5.3 Eignungstests

Testverfahren werden, wenn nötig, zur Objektivierung in Auswahlsituationen eingesetzt, wenn mehrere gleichqualifizierte Bewerbungen vorliegen und das Unternehmen keine Rangfolge bilden kann. Für die Anwendung von eignungsdiagnostischen Tests spricht, dass in relativ kurzer Zeit eine Vielzahl von objektiven Aspekten erhoben werden kann.[38]

---

[34] [SS94], S. 177 ff.
[35] [Die03], S. 112 ff.
[36] [SS94], S. 193 ff
[37] [Sch02], S. 226
[38] [SS94], S. 211

Der Test kann zudem unternehmensspezifische Anforderungen abdecken, was mit Schulnoten nicht gewährleistet ist. (z.b. Technischer Zeichner – getestet wird das Vorstellungsvermögen) Unternehmen haben die Möglichkeit zwischen verschiedenen Tests zu wählen.

Bei der Durchführung eines papiergestützten Test sind mindestens 15 bis 25 Bewerber erforderlich, da es sonst nicht rentabel wäre. Daher muss gegebenenfalls gewartet werden bis eine rentable Menge zusammen gekommen ist und dies kann bedeuten, dass sich gute Bewerber schon anderweitig orientieren. Anders als bei der „Papierform" hat das EDV Testverfahren den Vorteil, dass der Bewerber jederzeit nach einer kurzen Einführung den Test durchführen kann – ohne dass Personalkapazitäten gebunden werden. Hierfür sind lediglich die entsprechende Hardware und die jeweiligen Lizenzen erforderlich. Im Wesentlichen werden drei Testverfahren unterschieden. Zum einen die reinen Persönlichkeitstests und zum anderen die Leistungs- und Intelligenztests.

Persönlichkeitstest geben Auskünfte über die Person wie beispielsweise Interseen, Neigungen und Motivationsfaktoren. Eine klare Absicherung der Intimsphäre ist nicht gewährleistet und es bedarf daher der Zustimmung des Bewerbers. Zudem ist speziell bei Bewerbern um einen Ausbildungsplatz die Persönlichkeit nur bedingt entwickelt, da dies eines der Ziele einer Ausbildung ist. Daher wird bei dieser Zielgruppe auf diese Art des Testverfahrens verzichtet.

Für berufseignungsdiagnostische Entscheidungen werden häufig Fähigkeitstests eingesetzt. Im engeren Sinne können darunter Leistungstests und Intelligenztests verstanden werden. Bei Intelligenztests ist das Erkennen von kognitiven Fähigkeiten das Ziel. Leistungstests erlauben Aussagen u.a. zur Konzentrationsfähigkeit der Bewerber.[39]

3.5.4 Assessment – Center

Ein Assessment – Center (AC) ist ein Testprogramm, bei welchem ein Team oder ein einzelner Bewerber bei der Bewältigung von gestellten Aufgaben von geschulten Mitarbeitern, Vorgesetzten und/oder externen Beratern beobachtet und hinsichtlich

---

[39] [Die03], S. 84 ff.

verschiedener Kriterien bewertet wird.[40] Im Vordergrund dieser Verfahrenstechnik steht nicht die Bewertung von Kenntnissen sondern die Beurteilung von Fähigkeit. AC dauern in der Regel 2 bis 3 Tage und es nehmen durchschnittlich 12 Bewerber und 6 Beobachter teil. Je nach Anzahl der Kandidaten und Durchführungstagen hat ein AC einen erheblich Vorlauf und Voraufwand. Dieser beginnt bereits Wochen vorher, wenn unter zu Grundlegung des Anforderungsprofils zunächst passende Fähigkeiten und dann davon geeignete Übungen, welche diese Fähigkeiten sichtbar machen, abgeleitet werden.[41] Das ideale Ac besteht aus einer Vielzahl von Übungen, die jeweils einen unterschiedlichen Schwerpunkt haben.[42] Sollte beispielsweise Kommunikationsfähigkeit geprüft werden, so muss untersucht werden, in welchen praktischen Fällen des Arbeitsalltags diese später gezeigt werden muss. Ist das Durchführen von Präsentationen etc. von Bedeutung müssen Präsentationsübungen konstruiert werden. Rollenspiele eigenen sich besonders um das Verhalten in Konfliktsituationen zu beobachten. Die Übungen sollten von Zeit zu Zeit überarbeitet werden. Es gibt eine Vielzahl von Literatur mit Übungsbespielen und – beschreibungen, welche auf das Anforderungsprofil der Ausbildung abgestimmt werden kann.[43] Der Ablaufplan eines AC wird in Abbildung 8 verdeutlicht.

Ablauf eines Assessment – Centers

Vorbereitung
- Festlegen der Ziele und Zielgruppen
- Definition des Anforderungsprofil
- Zusammenstellen der Übungen mit Bezug auf die Anforderungen
- Auswahl der Beobachter
- Information der Teilnehmer, Organisatorische Vorbereitung
- Training der Beobachter

Durchführung
- Begrüßung der Teilnehmer, Ziel und Ablauf des Programms erläutern
- Durchführung der Übungen und bearbeiten der Unterlagen durch Teilnehmer
- Verhaltensbeobachtung durch Beobachter
- Auswerten der Beobachtungen

Abschluss und Feedback
- Abstimmen der Auswertungen in der Beobachterkonferenz
- Anfertigen von Gutachten, Empfehlungen von Fördermaßnahmen bzw. Endabstimmung, Endauswahl
- Teilnehmer über Ergebnisse informieren

---

[40] [SS94], S. 214
[41] [Ach07], S. 25 ff.
[42] [Die03], S. 94
[43] [Ach07], S. 25 f.

Abb. 8: Ablauf eines Assessment - Centers
Quelle: [Mül05], S. 140

3.5.5 Biografischer Fragebogen

Der biografische Fragebogen erfasst berufsrelevante Erfahrung während der Lebensgeschichte eines Bewerbers. Es wird davon ausgegangen, dass spezifische Erfahrungen in der Vergangenheit auf den späteren Berufserfolg übertragen werden kann. Dabei handelt es sich um ein standardisiertes Verfahren, bei welchem der Bewerber wichtige Etappen seiner Lebensgeschichte darstellt. Es werden Themen wie beispielsweise das Alter, der Familienstand, Dauer der jeweiligen Beziehungen, die Schulausbildung mit deren Abschlüssen und die jeweiligen Lieblingsfächer reflektiert. Zudem muss der Bewerber Angaben zum Freizeitbereich machen wie z.B. Hobbys oder sonstige Freizeitaktivitäten. Ein weiterer Bereich beschäftigt sich mit der allgemeinen persönlichen Einstellung, das Selbstvertrauen, wichtige Bedürfnisse und Wünsche. Die Anwendung in der Praxis ist jeXXXXX GmbHch schwierig, da zu jedem Arbeitsgebiet ein spezifischer Fragebogen erstellt werden muss. Hierbei werden die Ergebnisse des Fragebogens mit besonders erfolgreichen oder aber weniger erfolgreichen Stelleninhabern verglichen, da erst dann der Einsatz des biografischen Fragebogens möglich ist. Der Vorteil dieses Verfahrens ist, dass die Entwicklung der der ragen recht einfach ist und Daten gut zu erfassen sind. Zudem ist der Fragebogen äußerst zielgruppengenau entwickelt. Der Nachteil ist allerdings, dass für jede neue Stelle ein neuer individuell entwickelter Fragebogen erstellt werden muss. Untersuchungen zeigen, dass durch den Einsatz von biografischen Fragebögen bis zu 35% des zukünftigen Verhaltens prognostiziert werden kann.[44]

---

[44] [Mül05], S. 134 f.

4 Auszubildenden – Recruiting der XXXXX GmbH

4.1 Umfrage betreffend der Ausbildungsmöglichkeiten

Die Entscheidung für einen Fragebogen fiel aus Gründen der Durchführbarkeit, da es weder möglich war jede Schule zu besuchen noch die Probanden bei der Suche nach einem Ausbildungsplatz zu beobachten.[45] Zudem sind Fragebogen kostengünstiger und weniger zeitintensiv. Nachteile von Fragebögen wie beispielsweise eine niedrige Rücklaufquote oder eine unkontrollierte Erhebungssituation[46] wurden umgangen indem die Fragebögen während des Unterrichts unter der Beobachtung des Lehrers durchgeführt wurden.

4.1.1 Durchführung der Erhebung

Die Umfrage in Form eines Fragebogens zum Thema „Möglichkeiten der Ausbildung und des dualen Studiums der XXXXX GmbH" (Anlage 5) beschränkte sich auf die nähere Umgebung von XXXXX GMBH, da ein größerer Untersuchungsraum den Umfang dieser Arbeit überschritten hätte und wurde daher im Raum XXXX Kreis an ausgewählten Schulen durchgeführt. Zunächst mussten Schulen, welche zur Durchführung der Befragung bereit waren, gefunden werden. Die Suche nach geeigneten Schulen beschränkte sich auf Gymnasien und Regelschulen, da Hauptschulabsolventen bei der Besetzung von freien Ausbildungsplätzen nicht berücksichtigt werden. Es wurden ca. 15 Schulen kontaktiert, welchen auf Wunsch die Umfrage und ein Anschreiben, welches Auskunft über Grund und Durchführung der Umfrage gab, zugesandt bekamen. Ursprünglich war es das Ziel mindestens drei Gymnasien und drei Regelschulen in die Befragung einzubinden XXXXX GmbH. Doch aufgrund mangelnder Bereitschaft zur Teilnahme an der Umfrage beschränkte sich der Befragtenkreis auf die Abschlussjahrgänge von zwei Gymnasien, einer Fachoberschule und zwei Regelschulen mit jeweils 25 Schüler (Durchschnittliche Klassenstärke in Abschlussjahrgängen). Die Befragung erfolgte im Zeitraum von November bis Anfang Januar, da in dieser Zeit erste Auseinandersetzungen mit der zukünftigen Ausbildung oder Studium erfolgen. Eine Übersicht der Schulen, die teilgenommen haben, befindet sich in Anlage 6. Um die Beantragung der Umfrage beim Schulamt und damit zeitlichen Verzug zu vermeiden, wurde auf Angaben jegliche persönliche Daten wie Name oder Unterschrift verzichtet. Lediglich das Geschlecht, Klasse und Schule wurden zur besseren Einordnung und Auswertung der Umfrage erfragt. Die Fragen sind auf den Theorieteil dieser Arbeit abgestimmt. Eine detaillierte Aufstellung

---

[45] [Hub08]
[46] [Win00]

der Fragenzugehörigkeit zum Theorieteil ist in Anlage 7 zu finden. Die Skalierung der Antwortmöglichkeiten von Frage 8 sind, aus psyologischen Gründen, von 1=sehr wichtig bis 6=völlig egal gewählt, da die Schüler mit diesen Zahlen die Wertig- und Wichtigkeit von Schulnoten assoziieren.

4.1.2 Ergebnisse der Umfrage, Ursachenforschung und Handlungsempfehlungen

Aufgrund niedriger Absolventenzahlen konnten nicht aus jeder Schule 25 Schüler befragt werden. Infolgedessen nahmen lediglich 43 männliche und 60 weibliche Probanden an der Umfrage teil. (Detaillierte Aufstellung der Ergebnisse der Umfrage je Schule und Gesamt ist in Anlage 8(a-e) zu finden)

Dem überwiegenden Teil (55,84%) der Befragten ist XXXXX GMBH bekannt. Vor allem die Schüler der Schulen, welche sich in unmittelbarer Umgebung von XXXXX GMBH befinden, kennen das Unternehmen. Der Bekanntheitsgrad des Ausbildungsangebotes ist jeXXXXX GmbHch verhältnismäßig gering. 43 der Befragten ist keines der Angebote bekannt und lediglich 18 Schülern wissen, dass XXXXX GMBH duale Studiengänge anbietet. Auch die verschiedenen Möglichkeiten der Lehrausbildungen sind im Durchschnitt nur 28,5 Schülern bekannt. Die Informationen zum Ausbildungsangebot von XXXXX GMBH stammen vorwiegend durch den Austausch mit Mitarbeiten von XXXXX GMBH und durch Informationsveranstaltungen.

Der niedrige Bekanntheitsgrad des Ausbildungsangebotes ist insbesondere durch drei Umstände begründet. Zum einen sind auf der Website von XXXXX GMBH die Lehrausbildungen nicht angeführt (Stand Januar 2008) und zum anderen schaltet XXXXX GMBH weder Inserate auf Online-Jobbörsen oder Printmedien bezüglich des Ausbildungsangebotes noch erfolgt eine intensive Teilnahme an Messen oder Schulaktionen. Im Jahr 2008 wurde nur eine Anzeige bezüglich der Stellensuche nach Auszubildenden für den Beruf des Verfahrensmechanikers in der regionalen Zeitung veröffentlicht. Außerdem veranstaltete XXXXX GMBH, initiiert durch die IHK, einen „Tag der offenen Tür", welcher dazu dient Schulabsolventen einen Einblick in das Unternehmen zu gewähren und für XXXXX GMBH zu begeistern.
Allerdings war der Zulauf im Vergleich zu den Vorjahren sehr gering, da keine Bekanntmachung durch die regionale Zeitung erfolgte (obwohl diese von der IHK

informiert wurde).[47] Da der Bekanntheitsgrad eine maßgebliche Rolle bei der Gewinnung von guten Auszubildenden ist, ist vor allem das Publizieren der verschiedenen Ausbildungsangebote wichtig. Wie die Umfrage zeigte, reichen die Personalwerbungsmittel nicht aus, um potenzielle neue AZ auf das Ausbildungsangebot des Unternehmens aufmerksam zu machen.

Die Teilnahme an Messen und Schulveranstaltungen zum Thema Ausbildungssuche ist sehr kosten- und zeitintensiv. Zudem kann der Erfolg der Messeteilnahme nicht konkret festgestellt werden. Da 77 % (Vergleich Personalwerbung S. 8) der Absolventen das Internet bei der Suche nach einer geeigneten Ausbildung nutzen, sollte gerade diese Möglichkeit der Auszubildendengewinnung erwägt werden. Zunächst ist es dringend notwenig die Website von XXXXX GMBH zu aktualisieren, da zum einen bei Benutzern, welche die Website direkt aufrufen der Eindruck entsteht, dass XXXXX GMBH keine Lehrstellen vergibt und zum anderen ist eine aktuelle Übersicht zum Ausbildungsangebot für die Weiterleitung auf die Website von XXXXX GMBH durch Online-Jobbörsen erforderlich.[48] Inserate auf den meistgenutzten Online-Jobbörsen „monster.de" (51,6%) und „jobpilot.de" (12,9%)[49] sind günstig im Vergleich zu Veröffentlichungen in Printmedien, wenn die Laufzeit und der durchschnittliche Kontakt mit AZ durch die Anzeige berücksichtigt werden. Die eStandardanzeigeCampus ist speziell für die Suche nach AZ, Praktikanten, Diplomanten und Studentenjobs erstellt. Die Anzeige erscheint auf „monster.de" und „jobpilot.de" und kann in vier verschiedenen standardisierten Anzeigenvorlagen veröffentlicht werden. Eine Übersicht zu den Konditionen ist in Abbildung 9 dargestellt.

---

[47] [Hub08]
[48] [Hub08]
[49] [Bru07]

eStandardanzeigeCampus vs. Inserat Printmedien			
Produktbezeichnung	Dauer	Anzahl Anzeigen	Preis in € (zzgl. MwSt)
Einzelanzeige	30 Tage	1	49,00
Flat - 3 Monate	30 Tage*	Unbegrenzt	290,00
Flat - 6 Monate	30 Tage*	Unbegrenzt	490,00
Flat - 12 Monate	30 Tage*	Unbegrenzt	890,00
Inserat OTZ (in Zusammenarbeit mit MBC)	1 Tag	1	Satz, Montage, DTP, Druck-PDF 99,50 Schaltkosten 100/3 spaltig 1026,00 Gesamt 1339,35

Abb. 9: Konditionen eStandardanzeigeCampus

Quelle: [Mon08]

Einzelanzeigen werden für 30 Tage veröffentlicht. Wohingegen Flats eine Einzelveröffentlichungsperiode von 30 Tage *mit fortlaufender kostenfreier Verlängerung um weitere 30 Tage innerhalb der jeweiligen Vertragslaufzeit bis max. zum Ende des Vertrages haben.[50]

Durch den gezielten Einsatz von Personalwerbung zur Erhöhung des Bekanntheitsgrades des Ausbildungsangebots kann gezielt das Arbeitgeberimage aufgebaut werden. Wie die Umfrage zeigt ist den Probanden vor allem die Aussicht auf Übernahme (Durchschnittliche Bewertung 1,9) und eine Abwechslungsreiche Ausbildung (durchschnittliche Bewertung 1,7) bei der Wahl einer Ausbildung oder eines Studiums wichtig. Im Gegensatz dazu rücken Aspekte wie die regionale Nähe zum Ausbildungsort (durchschnittliche Bewertung 3,3) und der Urlaubsanspruch (durchschnittliche Bewertung 2,8) in den Hintergrund. Demgemäß sollte die Personalwerbung auf die, für wichtig empfundenen, Aspekte abzielen. XXXXX GMBH kann gerade mit einer abwechslungsreichen Ausbildung sowohl im kaufmännischen als auch im technischen Bereich glänzen. Dahingehend kann die Veröffentlichung von Ablaufplänen, welche einen groben Überblick über die vielfältigen Tätigkeitsbereiche innerhalb einer Ausbildung bei XXXXX GMBH geben, das Interesse von Absolventen wecken. Auch die stetigen Bemühungen des Unternehmens Auszubildende zu übernehmen oder aber gleich im Anschluss an die Ausbildung an andere Firmen zu vermitteln, sollte künftig in Publikationen zum Ausbildungsangebot erwähnt werden (genaue Angaben zur Gewichtung der Kriterien zur Schwerpunktsetzung der Personalwerbung hinsichtlich des Arbeitgeberimages sind in Anlage 8 zu finden).[51]

---

[50] [Mon08]
[51] [Hub08]

Selbst geringfügige Maßnahmen, wie die Umfrage im Rahmen dieser Praxisarbeit, steigern den Bekanntheitsgrad des Unternehmens. So werden sich 44,66% der Pobanden aufgrund der Umfrage näher über das Ausbildungsangebot von XXXXX GMBH informieren.

4.2 Auswahlverfahren

Bei mehr als 20 Bewerbungen haben die Mitarbeiter des Personalwesens meist ein Mengen- und somit ein Zeitproblem. Für den Selektionsvorgang ist es hilfreich ein Grundraster der Bewerbungen zu erstellen. Wird dies in Matrixform angelegt so ist es besonders arbeitsökonomisch und bewertungsgerecht.[52] Das Standardisierungsproblem taucht selbstverständlich auch bei XXXXX GMBH auf. Da die Bewerberquote bei der Ausbildung zum Verfahrensmechaniker und der zum Mechatroniker am höchsten ist, wird im Rahmen dieser Arbeit exemplarisch eine Bewertungsmatrix für eine dieser Ausbildung erstellt werden. Dabei fiel die Wahl auf die Ausbildung zum Mechatroniker, da für die Erstellung der Matrix auch die praktische Arbeitsprobe (in technischen Berufen) relevant ist und sich die Abstimmung derer aufgrund dessen, dass Herr Reinhard Franz (Ausbilder der Verfahrensmechaniker) in XXXXX GMBH Triptis arbeitet, schwierig gestaltet. Zunächst müssen die Bewerbungen aufgrund ihrer Äußerlichkeiten (Sauberkeit, Vollständigkeit und vor allem der erste Eindruck der Bewerbung hinsichtlich des Aufbaus etc.) in die Kategorien A, B und C unterteilt werden. Das Ziel der Erstellung der Bewertungsmatrix ist es, dass sich ein schneller Überblick über die Kategorie A und im Nachgang von Kategorie B Bewerbern verschafft werden kann und dieser schnell zugänglich ist. Daher sollte diese in Excel erstellt Matrix zentral gespeichert werden sodass die betreffenden Ausbilder wie auch die Mitarbeiter des Personals darauf zugreifen können. Zudem wird eine Gewichtung der Kriterien erfolgen, welche durch die Priorität derer bestimmt wird. So ist beispielsweise der persönliche Eindruck entscheidender als ein unrelevanter Rechtschreib- bzw. Tippfehler im Anschreiben. Die einzutragenden Bewertungen sind jeweils neben den Kriterien erläutert Um Fehler in der Berechnung der Werte zu vermeiden, sind Gültigkeitsprüfungen in den Eingabefeldern aktiviert. So können nur Zahlen eingetragen werden, welche in dem Möglichkeitsbereich der Bewertungen liegen (z.B. bei Zeugnisnoten kann keine Dezimalzahl oder ganze Zahl größer 7 oder kleiner 1 eingegeben werden). Letztlich wird dem Bewerber, welcher die niedrigste Punktzahl erreicht hat, ein Ausbildungsvertrag angeboten. Für den Fall, dass mehrere Bewerber die gleiche Punktzahl erreichen, wird derjenige ausgewählt, welcher den besten

---
[52] [SS94] S. 165

persönlichen Eindruck hinterlassen hat. Um diesen Vergleichvorgang zu automatisieren wurde in Zusammenarbeit mit Rico Werner (Auszubildender EDV) ein Makro erstellt. Dafür ist es notwenig beim Öffnen der Datei „Makros aktivieren" zu wählen. Das Makro kann zum einen durch das Betätigen des Buttons „aufsteigend nach Summe sortieren" die Bewerber nach der Summe der erreichten Punkte sortieren (der Bewerber nicht niedrigster Summe zuerst) und zum anderen durch das Betätigen des Buttons „aufsteigend nach Bewerber sortieren" diesen Sortierungsvorhang rückgängig machen. Die Bewertungsmatrix ist in Anlage 9 dargestellt. Grundlagen (Quellen) der einzelnen Bereiche sind aus der folgenden Aufstellung zu entnehmen.

Allgemeine Daten, Quelle: [SS94] S. 165 und von der Autorin selbst erstellt

Anschreiben: Vergleich S. 11 und Anlage 1

Lebenslauf: Vergleich S. 12 und Anlage 2

Zeugnis: Quelle: [Ber09]

Fehlerpunkte je Bereich: Quelle: [Tes08]

Standardfragen: Quelle: [Ges09]

Allgemeiner Eindruck: Quelle: [Hei04], S. 78

Praktische Arbeitsprobe: Quelle: [Ges09d]

5 Schlussbemerkungen

Die XXXXX GmbH bietet vielseitige Ausbildungsmöglichkeiten im technischen und kaufmännischen Bereich und sichert somit die Besetzung der freien Arbeitsplätze mit geeigneten und eigens ausgebildeten Fachkräften. Dies ist jedoch nur durch ein gut durchdachtes Auszubildenden-Recruting realisierbar. Die Umfrage ergab, dass 77 Schüler umfassendere Auskünfte zum Ausbildungsangebot durch Informationsveranstaltungen in den Schulen, auf Messen oder dergleichen wünschen. Dies wird bereits durch den Versuch einer engeren Zusammenarbeit der XXXXX GmbH mit dem Gymnasium realisiert. Zudem sollten Bewertungsmatrizen, wie für den Ausbildungsberuf des Mechatronikers im Rahmen dieser Arbeit exemplarisch formuliert, für alle Ausbildungsberufe und dualen Studiengänge erstellt werden, um eine Vereinfachung der Bearbeitung der eingehenden Bewerbungen zu gewährleisten. Abschließend ist festzustellen, dass das Auszubildenden-Recruting der XXXXX GmbH bereits in Aspekten wie beispielsweise dem Testverfahren etc. ein gut durchdachtes System besitzt. Dennoch sind Bereiche wie die Personalwerbung hinsichtlich des Bekanntheitsgrades und auch des Arbeitgeberimages noch ausbaufähig, um eine optimale Versorgung mit qualifizierten und motivierten Auszubildenden und damit Fachkräftenachwuchs gewährleisten zu können.

Literaturverzeichnis

[Ach07]   Achouri, C.: „Recruiting und Placement – Methoden und Instrumente der Personalauswahl und –plazierung", Gabler Verlag, Wiesbaden, 2007.

[Arb05]   N.N.: „Personalmarketing", München, 2005
http://www.top-arbeitgebermarke.de/index.php?id=105&bs=P
Abruf: 25.09.2008

[Arb05a] N.N.: „Image", München, 2005
http://www.top-arbeitgebermarke.de/index.php?id=105&bs=P
Abruf: 25.09.2008

[Ber09]   N.N.: „Wichtige Schulfächer", Nürnberg, 2009.
http://berufenet.arbeitsagentur.de/berufe/berufId.do?_pgnt_pn=0&_pgnt_act=goToAnyPage&_pgnt_id=resultShort&status=A10
Abruf: 26.09.2008

[Bru07]   Bruhns, M.: " Zeitarbeit in Deutschland: Markt top, Image flop!", Wien, 2007.
http://www.lifepr.de/pressemeldungen/interconnection-consulting-gmbh/boxid-23832.html
Abruf: 06.01.2009

[CH92]   Claus, D., Heymann, H.: „Personalmarketing als Grundlage der Personalbeschaffung" (1992) in Dr. Dincher, R.: Personalmarketing und Personalbeschaffung, 2. Auflage, Forschungsstellungsstelle für Betriebsführung und Personalmanagement e.V., Neuhofen, 2007.

[Die03]   Dietl, St.. „Ausbildungsmarketing und Bewerberauswahl", Wolters Kluwer Deutschland GmbH, Köln, 2003.

[Din07]   Prof. Dr. Dincher, R.: „Personalmarketing und Personalbeschaffung", 2. Auflage, Forschungsstellungsstelle für Betriebsführung und Personalmanagement e.V., Neuhofen, 2007.

[Enq02]   Enquête-Kommission: „Demographischer Wandel – Herausforderung unserer älter werdenden Gesellschaft an den Einzelnen und die Politik", Schlussbericht, Bundestagsdrucksache 14/8800, Berlin, 2002.

[Gab97]   N.N.: „Personalbeschaffung - Gabler Wirtschaftslexikon", Gabler Verlag, Wiesbaden, 1997.

[GF96]   Gindert, C., Fröhlich, W.: „Personalmarketing für Klein- und Mittelbetriebe", in Hummel, T., Wagner, D. (Hrsg.): Differentielles Personalmarketing, Schäffer-Poeschel Verlag, Stuttgart, 1996.

[Hei04]   Hein, J.: „Personalmarketing", Urban & Fischer Verlag, München, 2004.

[Hub08]   unternehmensinternes Dokument,
Von der Autorin erstellt: Umfrage, Zeitraum Juli bis September 2008, XXXXX XXXXX.
H:\Huber\Praxisarbeit Auszubildenden-Recruiting\Auswertung Umfrage.

[HW96]   Hummel, T., Wagner, D.: „ Differentielles Personalmarketing- Unternehmensinterne und unternehmensexterne Dimensionen", Schäffer- Poeschel Verlag, Stuttgart, 1996.

[KW03]   Knebel, Westermann: „ Das Vorstellungsgespräch", 17. Auflage, Verlag Recht und Wirtschaft, Heidelberg, 2003.

[Mon08]   N.N.: "eStandardanzeigenCampus", Eschborn, 2008.
http://www2.monster.de/arbeitgeber/b2b/Produkte/Anzeigenschaltung/eStandardanzeigenCampus.asp,
Abruf: 27.01.2009.

[Mül05]   Müllerschön, A.: „Bewerber professionell auswählen – Handbuch für Personalverantwortliche", Beltz Verlag, Weinheim und Basel, 2005.

[RK96]   Raschke, H., Knebel, H.: „Taschenbuch für Bewerberauslese", 7. Auflage, Sauer Verlag, Heidelberg, 1996.

[Sch02]   Schuler, Prof. Dr. H.: „Das Einstellungsinterview", Hogrefe, Göttingen, 2002.

[SS94] Schwan, K., Seipel, K.: „Personalmarketing für Mittel- und Kleinbetriebe", Verlag C.H. Beck, München, 1994.

[Win00] Winter, S.: „Schriftliche Befragung (Fragebogen)", Mannheim, 2000.
http://imihome.imi.uni-karlsruhe.de/nschriftliche_befragung_b.html
Abruf: 28.01.2008

Anlagenverzeichnis

Anlage 1	Bewerbungsanschreiben
Anlage 2	Lebenslauf
Anlage 3	Bedeutung Schulnoten
Anlage 5	Fragebogen
Anlage 7	Aufstellung der Fragenzugehörigkeit

Kriterien	Beispielformulierung
1. Absender	Peter Müller · Kirchsteige 6 · 82394 Bergen info@mueller.de
2. Datum	15. April 2008
3. Vollständige Adresse	Firma XY Herrn Walther Schneider Hauptstraße 27 12345 Erfolgsstadt
4. Betreff	Bewerbung um einen Ausbildungsplatz zur…
5. Persönliche Anrede	Sehr geehrter Herr Schneider,
6. Bezug auf Quelle	auf Grund Ihrer Anzeige in der Stuttgarter Zeitung vom 09.04.08 bewerbe ich mich auf den angebotenen Ausbildungsplatz.
7. Bisherige Tätigkeit	Derzeit besuche ich die …Klasse der … Schule und werde mein Abitur im Juni des Jahres erfolgreich abschließen.
8. Sondertätigkeit	Im Rahmen meines Praktikum bei der Firma WZ konnte ich einen Einblick in den Tätigkeitsbereich eines … bekommen…
9. Persönliche Stärken	Bei dem ausgeschriebenen Ausbildungsplatz kann ich meine ausgeprägte Initiative, mein Durchsetzungsvermögen und meine Eigenverantwortlichkeit umsetzen. Sie gewinnen dadurch einen Auszubildenden der…
10. Grund der Bewerbung	Da die Firma XY Marktführer in dem Bereich … ist, habe ich mich bewusst für eine Bewerbung bei Ihnen entschieden, da…
11. Abschlusssatz	Über die Gelegenheit zu einem persönlichen Gespräch freue ich mich sehr.
12. Abschiedsgruß	Mit freundlichen Grüßen
13. Anlagen	Anlagen

Anlage 2

Lebenslauf

Name: Ariane Musterfrau

Wohnort: Musterstraße 4
77777 Musterstadt

Geburtsdatum: 18.09.1986

Geburtsort: Musterstadt

Eltern: Manuella Musterfrau, Krankenschwester
Michael Musterfrau, Beamter

Geschwister: Max, 18 Jahre

Staatsangehörigkeit Deutsch

Familienstand: ledig

Schulausbildung
9/1993 – 7/1997 Grundschule Musterstadt
9/1997 – 7/2003 Realschule Musterstadt

Schulabschluss:
7/2003 (voraussichtlich) Mittlere Reife

Sprachkenntnisse: gute Englischkenntnisse (6 Jahre Unterricht, sowie Auslandsaufenthalte im englischsprachigen Ausland)

PC- Kenntnisse: Word, Excel, Power Point

Praktika:
03.11.01 – 10.11.01 CNC Werkzeughersteller (Praktikum im Rahmen der Berufserkundung)
03.04.02 – 06.04.02 GWZ Stuttgart (freiwilliges Praktikum in den Osterferien)

Auslandserfahrungen:
12.04.01 – 03.05.01 Teilnahme am Austauschprogramm (Brighton/ England)
08/2001 Kulturreise Kanada

Hobbys: Gitarre spielen, mit Freunden zusammen sein

Musterstadt, 25.07.02

Anlage 3

Note	Verhalten	Qualitäten	Arbeitsleistung*
1 Außergewöhnlich gut, sehr gut	- förderte aktiv Zusammenarbeit - kontaktwillig und –fähig - gab bereitwillig rechtzeitige, vollständige Informationen - stets hilfsbereit, übte und akzeptierte sachliche Kritik - Verhalten gegenüber Vorgesetzten und Mitarbeitern war stets vorbildlich	- kann Mitarbeiter überzeugen - verantwortungsbewusst - arbeitet selbstständig nach klarer, durchdachter eigener Planung - strebt optimale Lösungen mit Erfolg an	- in jeder Hinsicht außerordentlich zufrieden - Leistungen werden in jeder Hinsicht Anerkennung finden - zu übertragende Arbeit wird zu vollster Zufriedenheit erledigt
2 Überdurchschnitt-lich gut	- unterstützt Zusammenarbeit - findet schnell und leicht Kontakt - informationsbereit - hilfsbereit, übte und akzeptierte sachliche Kritik - Verhalten gegenüber Vorgesetzten und Mitarbeitern war stets vorbildlich	- kann Mitarbeiter überzeugen - verantwortungsbewusst - arbeitet selbstständig nach klarer, durchdachter eigener Planung - strebt optimale Lösungen mit Erfolg an	- zu übertragende Arbeit wird zu voller Zufriedenheit erledigt - Leistungen entsprechen in jeder Hinsicht und bester Weise den Erwartungen - Leistungen finden volle Anerkennung
3 Durchschnittlich /Befriedigend	- findet schnell und leicht Kontakt - informationsbereit - bietet Hilfe an, übte und akzeptierte sachliche Kritik - Verhalten gegenüber Vorgesetzten ist einwandfrei	- kann Mitarbeiter überzeugen - fördert Zusammenarbeit - strebt optimale Lösungen meist mit Erfolg an	- Leistungen voll und jederzeit zufrieden stellend - entspricht den Erwartungen - die übertragenen Aufgaben werden zu voller Zufriedenheit erledigt
4 Unterdurchschnittlich/ Nicht befriedend	- Informierte sachlich richtig, aber nicht ausreichend und rechtzeitig - im Allgemeinen hilfsbereit, konnte nicht immer sachliche Kritik vertragen - das Verhalten gab keinerlei Anlass zur Beanstandung	- kann Mitarbeiter überzeugen - fördert Zusammenarbeit - strebt sinnvolle Lösungen meist mit Erfolg an	- Leistungen zufrieden Stellend - die übertragenen Aufgaben werden zur Zufriedenheit erledigt
5 Mangelhaft/ Schlecht	- Informierte sachlich richtig, aber nicht ausreichend und rechtzeitig - im Allgemeinen hilfsbereit, akzeptierte nicht immer sachliche Kritik - das Verhalten im Dienst war angemessen	- Durchsetzungsvermögen - strebt sinnvolle Lösungen meist mit Erfolg an	- führt übertragene Aufgaben mit Fleiß und Interesse aus - Leistungen entsprechen in etwa den Erwartungen - übertragende Aufgaben im Großen und Ganzen zufrieden stellend
6 Unzureichend schlecht	- im Allgemeinen hilfsbereit, akzeptierte nicht immer sachliche Kritik - das Verhalten war angemessen	- bemüht, sinnvolle Lösungen zu erreichen	- zeigt Verständnis für Arbeit - bemüht sich, den gestellten Anforderungen gerecht zu werden und Aufgaben zufrieden stellend zu erledigen

Anlage 5

Umfrage zum Thema:

„Möglichkeiten der Ausbildung und des dualen Studiums der XXXXX GmbH"

Sehr geehrte Probanden,

Im Rahmen meines Studiums (Bachelor of Art/Betriebswirtschaft) bei der XXXXX GmbH in XXXX XXXX schreibe ich eine Seminararbeit zum Thema Ausbildungsmarketing und bitte um Ihre Unterstützung. Alle angegebenen Daten werden vertraulich und ausschließlich zur Bearbeitung meines Themas genutzt.
Ich bitte Sie den Fragebogen wahrheitsgemäß und gewissenhaft auszufüllen.

Vielen Dank

Julia Huber

Frage 1:
Sie sind   ☐ Männlich   ☐ Weiblich

Frage 2:
Sie besuchen die ___ Klasse des/der _____.

Frage 3:
Ist Ihnen die XXXXX GmbH bekannt?   ☐ Ja, das Unternehmen ist mir bekannt.
                                     ☐ Nein, ich kenne das Unternehmen nicht

Anlage 5

Frage 4:
Ist Ihnen bekannt, dass folgende Studiengänge der Berufakademie als duale Studiengänge von der XXXXX GmbH angeboten werden?
Ja, dass wusste ich.   Nein, dass war mir nicht bekannt.

☐   ☐   Bachelor of Arts
                                Betriebswirtschaft
                                Studienrichtung
                                Industrie

☐   ☐   Bachelor of Engineering
                                Produktionstechnik

Frage 5:
Ist Ihnen bekannt, dass die XXXXX GmbH folgende Ausbildungsmöglichkeiten anbietet?
Ja, dass wusste ich.   Nein, dass war mir nicht bekannt.

☐   ☐   Industriekaufmann/-frau

☐   ☐   Mechatroniker/-in

☐   ☐   Feinoptiker/-in

☐   ☐   Zerspannungsmechaniker/-in

☐   ☐   Facharbeiter/-in für Glastechnik

☐   ☐   Informatikkaufmann/-frau

Frage 6:
Falls Ihnen eine oder mehere der Ausbildungs- bzw. Studiumsmöglichkeiten bekannt waren – Woher stammen ihre Informationen?

☐   Website der XXXXX GmbH
☐   Austausch mit Auszubildnenden, Studenten oder Mitarbeitern, welche bereits bei der XXXXX GmbH beschäftigt sind.
☐   Informationsveranstaltungen wie Ausbildungsmessen oder Informationstage
☐   Sonstige

_____

Anlage 5

Frage 7:

Werden umfassendere Auskünfte zu Ausbildungs- bzw. Studiumsmöglichkeiten durch Informationsveranstaltungen in der Schule, auf Ausbildungsmessen oder dergleichen gewünscht?

☐ Ja, dass wäre hilfreich bei der Suche nach einem geeigneten Ausbildungsplatz.

☐ Nein, dass ist nicht nötig.

Frage 8:

Was ist Ihnen bei der Wahl ihrer Ausbildung oder ihres Studiums am Wichtigsten?
(1=sehr wichtig; 6=völlig egal)

1	2	3	4	5	6	
☐	☐	☐	☐	☐	☐	Höhe der Ausbildungsvergütung
☐	☐	☐	☐	☐	☐	Urlaubsanspruch
☐	☐	☐	☐	☐	☐	Übernahmechancen
☐	☐	☐	☐	☐	☐	Betreuung während der Ausbildung
☐	☐	☐	☐	☐	☐	Möglichkeiten zur Weiterbildung im Rahmen von Lehrgängen
☐	☐	☐	☐	☐	☐	Möglichkeit der selbstständigen Arbeit
☐	☐	☐	☐	☐	☐	Abwechslungsreiche Ausbildung (in verschiedenen Abteilungen)
☐	☐	☐	☐	☐	☐	Regionale Nähe des Ausbildungsunternehmens zum Heimatort
☐	☐	☐	☐	☐	☐	Sonstiges _____

Frage 9:

Hat diese Umfrage dazu beigetragen, dass sie sich über die Ausbildungsmöglichkeiten der XXXXX GmbH näher informieren werden?

☐ Ja, diese Umfrage hat mich neugierig gemacht.

☐ Nein, ich werde mich nicht weiter damit beschäftigen.

Anlage 7

Aufstellung der Fragenzugehörigkeit

Zielgruppe

Frage 1:
Sie sind   ☐ Männlich   ☐ Weiblich

Frage 2:
Sie besuchen die ___ Klasse des/der _____.

Bekanntheitsgrad

Frage 3:
Ist Ihnen die XXXXX GmbH bekannt?

Frage 4:
Ist Ihnen bekannt, dass folgende Studiengänge der Berufakademie Gera und Eisenach als duale Studiengänge von der XXXXX GmbH angeboten werden?

Frage 5:
Ist Ihnen bekannt, dass die XXXXX GmbH folgende Ausbildungsmöglichkeiten anbietet?

Personalwerbung

Frage 6:
Falls Ihnen eine oder mehere der Ausbildungs- bzw. Studiumsmöglichkeiten bekannt waren – Woher stammen ihre Informationen?

Frage 7:
Werden umfassendere Auskünfte zu Ausbildungs- bzw. Studiumsmöglichkeiten durch Informationsveranstaltungen in der Schule, auf Ausbildungsmessen oder dergleichen gewünscht?

Frage 8:
Was ist Ihnen bei der Wahl ihrer Ausbildung oder ihres Studiums am Wichtigsten?

Frage 9:
Hat diese Umfrage dazu beigetragen, dass sie sich über die Ausbildungsmöglichkeiten der XXXXX GmbH näher informieren werden?